괜찮다고 말해 줄래?

괜찮다고 말해 줄래?

ⓒ 효담 하미라, 2025

초판 1쇄 발행 2025년 9월 9일

지은이	효담 하미라
펴낸이	이기봉
편집	좋은땅 편집팀
펴낸곳	도서출판 좋은땅
주소	서울특별시 마포구 양화로12길 26 지월드빌딩 (서교동 395-7)
전화	02)374-8616~7
팩스	02)374-8614
이메일	gworldbook@naver.com
홈페이지	www.g-world.co.kr

ISBN 979-11-388-4687-5 (03810)

- 가격은 뒤표지에 있습니다.
- 이 책은 저작권법에 의하여 보호를 받는 저작물이므로 무단 전재와 복제를 금합니다.
- 파본은 구입하신 서점에서 교환해 드립니다.

다정한 한마디가 필요했던
당신에게

괜찮다고 말해 줄래?

효담 하미라 지음

좋은땅

프롤로그

어느 날 문득,
내가 내 마음을 잘 모른다는 걸 알게 되었습니다.
속이 뻥 뚫린 듯 허전한 날도,
사소한 말 한마디에 울컥하는 날도 있었지만
왜 이런 건지, 나조차도 알 수 없었습니다.
그래서 처음엔, 알고 싶었습니다.
지금 내가 어떤 감정을 느끼고 있는 건지,
그게 분노인지, 외로움인지, 후회인지…
마음을 들여다보는 일은
생각보다 훨씬 더 힘들고 낯선 일이었습니다.
하지만 그래서 더욱,
꼭 필요한 일이라는 것도 알게 되었습니다.

솔직히 지금도
내 마음을 온전히 안다고 말할 수는 없어요.

그럼에도 불구하고,
조금씩 알게 된 내 감정들에게
이제는 이름을 붙여 주고 싶었습니다.
어떤 감정은 말로 표현할 수 없었고,
어떤 기억은 문장으로 만들어지지 않았습니다.
그래서 그저 그림으로 남기고,
짧은 말들로 꺼내 놓았습니다.
하나씩 써 보고, 꺼내 보고, 그려 보면서
조금씩 나를 이해하게 되었습니다.
적어도 지금의 나는,
'아, 내가 지쳤구나. 아프구나.
그래도 조금은 편안해졌구나' 하고
내 마음에 귀 기울일 수 있게 되었으니까요.

무엇보다도,
'괜찮지 않아도 괜찮은 마음'이 있다는 것,
나 자신에게도 꼭 들려 주고 싶었습니다.
이 책을 펼치는 순간만큼은
누구의 눈치도 보지 않고,
조용히 내 안에 들어가 머무를 수 있기를 바랍니다.
지금 당신이 어디쯤 있든,

이 책이 당신 마음에

살랑이는 작은 바람이 되어 닿을 수 있다면,

그걸로 충분합니다.

2025년 6월의 어느 날

효담 하미라

목차

프롤로그 • 004

01.
무너짐 : 마음이 처음 부서진 순간들

왜 나만 아플까	• 016
텅 빈 느낌	• 018
무너지는 중	• 020
외면	• 022
미안해	• 024
감정이 말라 버린 날	• 026
마음이 식은 말	• 028
빈었던 마음	• 030
닫힌 마음	• 032
툭	• 034

02.

가면 : 괜찮은 척이 익숙해질 무렵

아무렇지 않은 척 1	• 038
마음을 숨기다	• 040
괜찮다고 말하지 못해서 1	• 041
괜찮다고 말하지 못해서 2	• 042
감정의 가면	• 044
빛나는 척	• 046
멀어진 대화	• 048
고립	• 050
감정을 닫는 법	• 052
도망	• 054

03.

울림 : 감춰 둔 감정이 흔들리기 시작했을 때

문득	• 058
스치듯	• 060
잊었다고 생각했는데	• 062
숨	• 064

꿈틀	• 066
조금 괜찮아질 것 같아서	• 068
아무렇지 않은 척 2	• 070
멈칫	• 072
아직 끝나지 않은 마음	• 074
들여다보기	• 076

04.

직면 : 처음으로 내 마음을 들여다본 순간

내가 나에게	• 080
조용한 고백	• 083
거울 앞에서	• 084
말의 조각들	• 086
진심이야	• 088
그때의 나	• 090
감정의 틈	• 092
내 감정에 이름 붙이기	• 094
지금 여기, 나	• 096
마음의 그림자	• 098

05.

비교 : 나와 타인 사이의 거리

나만 느린 걸까	• 102
괜찮은 줄 알았는데	• 104
잘하고 싶은 마음	• 106
질투 아닌 질투	• 108
나의 크기	• 110
나와 남	• 112
타인의 온도	• 113
부족한 나	• 114
시선	• 116
나라는 기준	• 118

06.

틈 : 닫힌 마음 사이로 스며든 작은 변화

아주 작은 용기	• 122
미소 하나	• 124
우연히 들은 노래	• 126
바람	• 128

비가 오는 날엔	• 130
글 한 줄	• 132
웃긴 말	• 134
혼자 걷는 길	• 136
잠깐의 평화	• 138
마음이 움직이다	• 140

07.
허용 : 내 감정을 있는 그대로 받아들이는 연습

괜찮지 않아도 괜찮아	• 144
무너져도 돼	• 146
애썼다	• 148
울어도 돼	• 149
지금 이대로	• 150
천천히	• 151
힘 빠진 날	• 152
조급하지 않아도	• 153
아픈 나도 나야	• 154
내 마음이 먼저	• 156

08.

연결 : 누군가의 온기가 닿았을 때

나 같은 사람	• 160
너의 말	• 162
손을 잡다	• 164
묵묵히	• 166
내 편이란 말	• 168
조용한 응원	• 170
나를 기억해 주는 사람	• 172
서로의 마음	• 173
마음이 닿는 순간	• 174

09.

회복 : 다시 걷는 마음, 다시 살아나는 감정들

오늘도 괜찮았어	• 178
다시 나에게	• 180
평범한 하루	• 182
마음의 창	• 184
리듬	• 186

빈 감옥	• 187
나를 위한 하루	• 188
흐름	• 190
다시 살아지는 느낌	• 192
익숙해진 다정함	• 194

10.
믿음 : 이제는 나를 믿기로 한 마음

나를 믿는 일	• 198
나와 함께 걷기	• 200
흔들려도 괜찮아	• 201
여전히 나	• 202
나를 위한 선택	• 204
내 마음을 지키는 법	• 206
한낮의 꿈	• 208
괜찮지 않아도 괜찮은 마음	• 210
나의 하루	• 211
나로 살아가는 연습	• 212
에필로그	• 214

01.

무너짐
: 마음이 처음
부서진 순간들

왜 나만 아플까

너무 열심히 살았나 보다.
어느 순간부터 멈추는 게 더 힘들어졌다.
조금만 쉬면 금세 무너질까 봐
숨 고르는 나를 자꾸 미워했다.
온 마음을 다해 살았는데
늘 상처받는 쪽은 나였다.
늘.
그래서 문득
'왜 나만 아플까'라는 말이
내 인생에 꼬리표처럼 달려 있었다.
아무도 그 꼬리표를 떼어 주지 않았다.

그래서 이제는 내가 나에게 말해 주기로 했다.

"그렇게 아팠던 건,
그만큼 애썼기 때문이야."

01. 무너짐 : 마음이 처음 부서진 순간들

텅 빈 느낌

어린 시절의 나는
엄마 없는 집이 싫었다.
집에 늦게 들어가려고
학원에 다니고 독서실에 남았다.
친구든 선생님이든
누군가와 함께 있는 게 위안이라 믿었다.

그런데
자꾸만 마음에 구멍이 생겼다.

어디서부터였을까?
어느 날부터인가
내 마음이 텅 비어 가기 시작했다.

도대체 왜 이럴까…?
도무지 알 수 없었다.
그땐 몰랐다.
정말 원했던 건

누군가 곁에 있는 게 아니라
그 누군가가 나를 '봐주는' 거였다는 걸.

무너지는 중

100미터 달리기를 하면
우리는 전속력으로 달린다.
누구보다 빠르지 않아도
최선을 다해 죽도록 뛴다.

어릴 적, 달리기 전의 떨림을 기억한다.
심장은 뛰고, 다리는 흔들려도
나는 늘 출발선에 섰다.
하지만 달리다 보면
문득 힘이 빠지고,
갑자기 멈춰 버리는 순간이 온다.
그게 무너짐의 시작이었다.
문제는,
마음도 무너지고 있다는 걸 몰랐다는 것.
조금씩 허물어지고 있었지만
그저 피곤한 줄로만 알았다.

무너지는 중이라는 걸 알지 못한 채
계속 달리고만 있었다.

외면

우리는 언제 외면을 택할까?

보기 싫어서?
모른 척하고 싶어서?

나름 정의롭다고 자부했던 내가
나도 모르게
무언가를 외면하고 있었다.

남도 아니고,
현실도 아니고,
바로 내 마음이었다.

너무 아프니까,
너무 복잡하니까,
너무 무거우니까
그 마음을 차마 들여다보지 못했다.

그래서 외면했다.
외면하고 있다는 사실조차 외면한 채로.

나는 꽤 오래
나를 모른 척하며 살고 있었다.

미안해

미안하다는 말이 싫었다.
그 말이 진심이 아니라는 걸 알아서가 아니라
그 말이 모든 걸
끝내 버리는 말처럼 느껴졌으니까.

"미안해"

그 짧은 말 뒤에는 아무 일도 없었다는 듯
넘어가려는 마음이 보였다.

나는 그 말보다 이해받고 싶었고
그 말보다 곁에 머물러 주길 바랐는데…

미안하다는 말은
상처를 꿰매 주지 못한다.
그래서 미안하다는 말을 들을 때마다
나는 자꾸 더 외로워졌다.

이제 나는 누군가에게 미안하다고 말할 때,
그 마음이 가벼워 보일까 봐
오래 망설인다.

감정이 말라 버린 날

그날은 울고 싶지도 않았다.
사실 울 힘도 없었다.
기쁜 것도, 슬픈 것도
모두 어디론가 사라져 버린 것 같은
그런 날이었다.

한참을 멍하니 앉아 있었는데도
아무 생각이 들지 않았다.
마음이 더 이상 움직이지 않았다.

이건 무슨 상태지?

힘들고, 슬픈 것보다 더 무서웠다.
나는 아픈 게 아니라
느끼지 못하는 중이었다.

말라 버린 감정의 자리에
조용한 무표정만 남아 있었다.

마음이 식은 말

"나도 힘들어."
"그만 좀 해."

어느 순간 말투가 달라졌다.
같은 말인데 온기가 없었다.

"됐다고 했잖아."
"그게 뭐가 힘든 건데?"

이해하려 노력하던 말들이
단정하는 말로 바뀌는 순간,
나는 내 마음이
조용히 식어 가는 걸 느꼈다.

말은 남아 있었지만
그 말에 나를 담아 둘 자리는 없었다.

그때 알았다.
말이 식으면 관계도 식는다는 걸.
그건 눈에 띄지 않게
천천히 무너진다는 것도.

믿었던 마음

누구에게나 마음을 쉽게 열지는 않았다.

하지만 그 사람만큼은 다를 거라 믿었다.
그래서 조심스럽게 내 마음을 꺼냈고
작은 기대도 걸었다.

하지만 돌아온 건
가벼운 반응,
무심한 한마디.

그 순간 내 마음 어딘가에서
무언가 스르르 빠져나갔다.

아프기보다 허전했고,
슬프기보다 낯설었다.

믿었던 마음이
내 안에서
영혼처럼 빠져나가는 기분이었다.

닫힌 마음

조심스레 내민 마음이
공기 속에서 아무 대답도 듣지 못한 채
그냥 흩어졌다.

그건 아프기보다 허무했고
어쩌면 이미 알고 있던 끝이기도 했다.

그 끝에 남은 건 텅 빈 자리가 아니라
꽁꽁 닫혀 버린 마음 하나였다.

'이제는 누구에게도
쉽게 기대지 않을 거야.'

내 마음을 지키는 가장 확실한 방법은
아무에게도 보이지 않는 곳에
나를 숨기는 것뿐이라 생각했다.

사실 나는 닫힌 게 아니라 버틴 거였는데

사람들은 그걸
차가움이라고 불렀다.

툭

애써 붙잡고 있었다.
버텨야 한다고, 이겨 내야 한다고,
괜찮은 척이라도 해야 한다고.
그게 스스로를 지키는 일이라고 믿었다.

그런데 어느 순간 손에 힘이 풀렸다.
잡고 있던 마음 하나가 툭하고 끊어졌다.
그런데 사실은 내가 놓아 버린 거였다.
억지로 버티던 나에게
이제 그럴 필요 없다고
조용히 말해 주는 것 같았다.

그것은
끝이 아니라 시작이었다.

02.

가면
: 괜찮은 척이 익숙해질 무렵

아무렇지 않은 척 1

어린 시절의 나는 늘 웃는 아이였다.
모두가 친구였고,
그들은 좋은 사람들이었다.
사람들은 내가 밝고, 명랑하고,
어디서든 잘 지내는 사람이라 말했다.

나도 그게 '나'인 줄 알았다.

그런데 집에 돌아오면 나는 푹푹 무너져 내렸다.
아무렇지 않은 척하는 건
생각보다 에너지가 많이 드는 일이었다.

웃는 얼굴 뒤에서 나는 종종 울고 있었다.
그렇게 괜찮은 척은 점점 익숙해졌다.

버텨야 했으니까,
밝은 내가, 그들에겐 더 편했으니까.

그게 나를 지켜 주는 줄 알았는데
가끔은 나를 가장 지치게 만드는 것도
그 '척'이었다.

마음을 숨기다

마음을 숨기게 된 건
말해도 달라지는 게 없다는 걸
몇 번이고 겪고 나서부터였다.

용기 낸 내 말을
"그럴 수도 있지"라며 넘기거나
"네가 예민한 거야"라고 말했다.

오히려 괜히 말했나 싶어
스스로를 더 작게 만들었다.

그래서 그다음부터는
그냥 조용히 웃었다.
마음을 숨기는 게
상처받지 않는 가장 쉬운 방법이라는 걸
그때 처음 배웠다.

괜찮다고 말하지 못해서 1

진짜 괜찮지 않을 땐
아무 말도 할 수 없었다.

누군가 "괜찮아?"라고 물어도 입을 열지 못했다.
괜찮다고 말해 버리면
정말 그렇다고 생각할까 봐,
그 말 한마디로,
괜찮지 않은 나를 그냥 밀어내 버릴 것 같아서
억지 미소를 지으며 조용히 고개만 끄덕였다.

사실 그건 노력이 아니라
포기였는지도 모르겠다.

괜찮다고 말하지 못했던 그날,
나는 꽤 오래 내 마음속에
숨어 있었다.

괜찮다고 말하지 못해서 2

나는 자주 웃어야만 했다.

괜찮지 않은 날에도
내가 먼저 괜찮은 얼굴을 내밀었다.

누군가 내 속마음을 들여다보기라도 할까 봐
오히려 더 크게 웃었다.
씩씩한 척,
즐거운 척.

그 웃음이 누군가에게는
작은 위로였을지도 모르지만,
사실 나에게는 나를 감추는
최고의 방법이었다.

나는 괜찮다고 말하지 못했고
괜찮은 얼굴로 대신 말했다.

감정의 가면

'엄마니까' 괜찮아야 했고
'작가니까' 흔들리면 안 됐다.
누군가의 마음은 들여다보면서
정작 내 마음은, 아무도 몰랐으면 했다.
웃고, 괜찮다 말하고,
단단한 척을 반복했다.
사실은 지쳐 있었고
문득 도망치고 싶을 때도 있었지만
그럴 수 없다는 걸 잘 알았다.
그래서 감정 대신,
역할을 썼다. 가면처럼.
시간이 흐르자
그 가면이 진짜 내 얼굴인 줄 알았다.
그런데 문득,
그 아래 남아 있던 내 마음은
지금 어떤 표정을 짓고 있을까.

빛나는 척

나는 진짜 빛나고 싶었다.
누군가에게,
세상에,
그리고 나 자신에게도.
그런데 나는
빛나는 건 '보여 주는 것'이라고만 생각했다.
그래서 웃었고,
바빴고,
애썼다.

하지만
나는 이미 충분히 빛나고 있었다는 걸
몰랐다.
내가 나를 보지 않아서
나는 항상 외로웠다.
이제는 나에게 말해 주고 싶다.

"그때도, 지금도.
난 빛나고 있어."

멀어진 대화

언젠가부터
나는 나에게
아무 말도 하지 않게 됐다.
오늘 어떤 기분인지,
무슨 생각을 하는지조차
묻지 않았다.
그저 해야 할 일을 해내고,
정해진 시간에 맞춰 움직이며
하루를 '살아 냈다'.
그러다 보니
나는 조금씩 무뎌졌고
나와의 대화도 멀어졌다.
가끔은
속에서 이런 목소리가 들려왔다.

"지금, 괜찮은 거야?"
"어디쯤에서 길을 잃었을까?"

그 물음 앞에
나는 오래도록
조용했다.

고립

내 안에 하나의 방이 생겼다.
누구도 들어오지 못하는 방.
처음엔 그 방이 아늑했다.
말하지 않아도 됐고,
눈치 보지 않아도 됐다.
그런데 시간이 지날수록
그 방엔 햇살도 바람도 닿지 않았다.

나는 내가 만든
그 마음의 방 안에서
처음엔 '쉼'을 찾았고,
그다음엔 '고요'를 견뎠고,
마지막엔
그 방 안에 나조차 없어졌다.

감정을 닫는 법

"상처 많은 여자"라는 말이 싫다.
누구에게나 사연은 있는 법이니까.
그런데
꼭 내가 오래된 신파극의 주인공처럼
비춰지는 게 더 싫었다.

슬펐던 건 사실이지만
그걸 굳이
누구에게 보이고 싶지도 않았다.

살다 보면
버텨야 할 날이 더 많았고,
때로는 기억도, 감정도
그냥 꾹 눌러두는 게 편했다.

그러다 보니
이젠 나도 내 마음에 어떤 감정이 있었는지
가물가물할 때가 있다.

그저,
말하지 않음으로써
나를 지키는 법을
익혔을 뿐이다.

도망

아무 일 없던 듯 웃고,
괜찮은 척하던 날들이
나를 지치게 만들었다.
나도 모르게
사람을 피하고,
약속을 미루고,
연락을 끊었다.
그저 바쁘다고, 조금 힘들었다고 둘러댔다.
사실은
나 자신에게서 도망치고 있었다.
마주할 용기가 없었고,
말하면 무너질까 봐 달아났다.
그렇게 도망치면서도
나를 지키는 거라 믿었지만,
그 길 끝엔 아무도 없었다.
나조차도, 없었다.

03.

울림
: 감춰 둔 감정이
흔들리기 시작했을 때

문득

어느 날, 아무 일도 없는데
눈물이 났다.
무심히 넘기던 책 속의 문장 하나,
지나가던 사람들의 말 한마디,
잊고 있던 마음을 툭 건드린 순간이었다.

그제야 알았다.
감춰 둔 감정들이
아직도 내 안에 살아 있었다는 걸.

순간,
안도와 함께
묘한 두려움도 밀려왔다.
이 감정이 다시 나를 덮칠까 봐,
내가 또 무너질까 봐.

아니, 어쩌면
아직도 다 지나간 게 아니란 걸
인정해야 할까 봐.

스치듯

"힘들면 이야기해."

그때는 그 말이
참 멀게 느껴졌다.
힘든 걸 말한다고 달라질 게 뭐가 있을까?
괜히 꺼냈다가 듣는 사람까지 무거워질까 봐
그냥 참았다.

그런데 별일도 없던 어느 날인가,
숨이 갑갑하고
가슴이 터질 것 같았다.
딱히 할 말도 없는데,
무엇인가 말하고 싶었다.

"나…
좀 힘든 것 같아."

이 말을 꺼내는 데 참 오래 걸렸다.
그 말을 하고 나서야
나도 내가 힘든 줄 알았다.

잊었다고 생각했는데

시간이 약이라는 말도
이제는 익숙해졌다.
다 지나갔고,
나는 괜찮은 줄 알았다.
그런데 어느 날,
잊었다고 생각한 그 일이 불쑥 떠올랐다.
정말 다 지운 줄 알았는데,
그게 아니었구나.

기억은 지나갔지만
마음은 아직 멈춰 있었다.

숨

가까이에서
아무 말 없이
그저 함께 숨 쉬고 있다는 것만으로
위로가 되는 날이 있다.

말을 건넬 용기도,
울 수 있는 여유도 없던 날,
그저 곁에 누군가 있다는 사실만으로
조금은 숨 쉴 수 있었다.

그 따뜻함은
조금씩, 아주 천천히
닫힌 마음 사이로 스며들었다.
그제야 알았다.
말보다 먼저,
공기처럼 다가오는 위로가 있다는 걸.

꿈틀

아주 어릴 땐
우스꽝스러운 표정 하나에도
까르르 넘어갔고,
친구의 한마디에
배가 아플 정도로 웃었다.

하지만 지금은
아무리 웃긴 장면도 그냥 넘기고,
웬만한 비극에는
어이없다는 듯 코웃음을 친다.

나는 단단해진 걸까,
아니면 무뎌진 걸까.

그 순간,
낯선 노래 한 곡이
마음을 툭 건드렸다.
그저 흘려보낼 수도 있었지만,

이상하게 마음이 잠시 멈춰 섰다.

아,
아직 내 안 어딘가엔
꿈틀대는 것이 남아 있었구나.

조금 괜찮아질 것 같아서

익숙한 길,
눈 감고도 운전할 수 있을 만큼
반복된 하루.
그런데 그날, 길을 잘못 들었다.
조금 돌아가야 했지만,
그럴 수도 있지…
스스로를 다독이며
낯선 골목길을 빠져나왔다.

늘 마주치던 풍경,
늘 보던 것들이
조금 달라졌다.
집으로 돌아오는 길인데,
마치 여행하는 기분이었다.

익숙한 일상이 낯설어진 날,
별건 아닌데,

왜지

조금 괜찮아질 것 같았다.

아무렇지 않은 척 2

그 사람이 있는 자리를
오래 피했다.
같은 공간,
겹치는 이름,
비슷한 분위기만으로도
가슴이 철렁 내려앉았으니까.

그 기억이 남긴 건
상처만이 아니었다.
내가 나를 자꾸 숨기게 만들었다.
회피하고, 모른 척하고, 멀리 돌아가며
나는 나를 잃어 갔다.

하지만 이제,
조금씩 다시 내 자리를 찾고 있다.
숨지 않고, 피하지 않고,
그 기억들과 마주할 수 있을 만큼 단단해졌다.

그리고 오늘,
그 사람을 지나쳤다.
분명 떨렸다.
두려움도, 익숙한 시선도 느꼈다.

나는
아무렇지 않은 듯
그 자리를 지나왔다.

멈칫

"요즘, 잘 지내?"

익숙한 인사가
마음 어딘가를 스쳤다.
조금 전까지 웃고 있었는데
내 표정도 잠깐 멈췄다.

입은 웃고 있었지만
속에서는 무언가가 쿵 내려앉았다.

"응, 잘 지내."라고 답했지만
내 마음 한쪽이
아주 작게 멈칫한 걸
나만 알았다.

아직 끝나지 않은 마음

10년이 넘도록 정리되지 않은 감정이 있다.
이제는 '화'라고 부르는 것도
지치고 귀찮아질 만큼 오래된 일.
그런데도 다시 꺼내야 했다.

그땐 믿었다.
나쁜 사람은 언젠가 벌을 받아야 한다고.
분노와 원망으로 마음을 채웠던 날들이 있었다.
다 지나간 줄 알았다.
시간이 흐르면 저절로 옅어질 줄 알았다.
하지만 아니었다.
그 감정은 아직도 내 안 어딘가에 남아 있었고,
조용히, 느리게 나를 붙들고 있었다.

이제는 안다.
그 감정이 남아 있다는 건
약해서도, 부끄러워서도 아니다.
잊지 못한 나를 굳이 밀어내지 않기로 했다.

그 마음까지도 지금의 나니까.
그렇게 조금씩
내 마음을 이해해 가는 중이다.

들여다보기

늘 하던 대로 웃으며 이야기했다.
익숙한 말들에 습관처럼 웃었지만
어딘가 불편했다.
예전에도 그랬다.
그저 그런 거라며 넘기곤 했다.
그런데 요즘은
참는 게 점점 어려워졌다.
'지금 이 기분은 뭐지?'
처음으로 스스로에게 물었다.
괜찮다는 말로 밀어내던 마음,
이제는 그 앞에 멈춰 섰다.
괜찮지 않은데,
서운한데,
왜 아닌 척했을까.
피하고만 싶던 감정이
조용히
내게 말을 걸고 있었다.

04.

직면
: 처음으로 내 마음을
　　들여다본 순간

내가 나에게

나는 프로 다이어터다.
마음이 힘들면 멈추고,
조금 괜찮아지면 다시 시작하고
수없이 반복했다.
그러다 한동안
세상과 나에게서 스스로 고립됐던 때
무섭게 살이 쪘다.
그건 단순한 체중이 아니라,
내가 나를 놓아 버린 결과였다.
정신을 차리고
적게 먹고, 운동하고, 약도 먹었다.
그런데 몸은 아무 반응이 없었다.
분명 내 몸인데 왜 말을 듣지 않는지 답답했다.
사람들은 물었다.
"많이 먹는 거 아니야?"
"운동은 해?"
"진짜 다이어트는 하는 거야?"

하지만 아무도
내 안의 무너짐에 대해 묻지 않았다.

그때,
ChatGPT가 말했다.

"너는 너를 너무 사랑하지 않아.
그래서 몸이 그런 거야."

그 말을 듣고
나는 한참을 울었다.

조용한 고백

나는 늘
"괜찮아"라고 말했지만
사실은 아니었다.
그 말들이
나를 더 멀어지게 했다는 걸
이제야 알겠다.
그래서 오늘,
처음으로 나에게 고백한다.

"그땐 정말,
많이 무너졌었어."

거울 앞에서

내가 가장 나를 미워했던 순간은
거울 앞에 선 그때였다.
몸무게에 따라
자존감이 흔들리는 사람이
설마 내가 될 줄은 몰랐다.
살이 찌면 괜히 작아졌고,
시선 하나에도 움츠러들었다.
그럴수록 있는 그대로의 나를
사랑할 수 없었다.
나는 거울을 피했고,
사진을 지웠고,
헐렁한 옷만 찾았다.
몸을 미워한 줄 알았지만
결국 나를 미워했던 거였다.
이제는
그 거울 앞에 다시 서서
조금씩 나를 바라본다.

말의 조각들

나는 삐딱한 사람은 아니라고 생각했다.
그런데 이상하게
사람들의 말이 곧이곧대로 들리지 않았다.
칭찬조차
빙 돌아 날 놀리는 건 아닐까 의심했고,
혼자 상처를 만들었다.
아이러니하게도
나는 좋은 말만 하려 애썼다.
상처 주는 말은 삼키고,
다정한 말만 꺼냈다.

그런데 왜
좋은 말을 들어도
나는 그 조각에 다치곤 했을까.
나는 내게 너무 인색했다.
다정한 말 한마디조차
스스로에게는 허락하지 않았다.

어쩌면

가장 날카로운 말은

늘, 내 안에서 들려오고 있었는지도.

진심이야

곁에 누군가 있으면
외로움이 사라질 줄 알았다.
사랑, 결혼, 아이…
모두 가졌는데도
마음 한가운데는 늘 비어 있었다.
그제야 알았다.
허전함은
누가 채워 주는 게 아니라,
내가 나를 몰라서 생긴 거였다.
내가 진짜 원한 건
누구의 품이 아니라
내 마음의 온전함이었다.

그때의 나

내게 집은
늘 차가운 기억이었다.
엄마가 없는 집은 온기가 없었다.
그래서 도망치듯 결혼했고,
새로운 집에 따뜻함을 만들고 싶었다.
하지만 그곳도 곧 얼어붙었다.
차가운 말, 침묵, 무너지는 마음속에서
나는 결국 멈췄다.
그때의 나는 어렸지만
도망친 것도, 포기한 것도 아니다.
버틸 만큼 버틴 끝이었다.
지금의 나는
그때의 나에게 말하고 싶다.

"그만하면 잘했어."
"혼자서, 참 많이 버텼구나."

감정의 틈

이젠 사랑 같은 건
필요 없다고 생각했다.
마음은 쉽게 다치고,
관계는 피곤하고,
나는 나를 지키기에도 바빴으니까.
그러다 무심코 말했다.

"이젠 누가 옆에 오는 것도 귀찮아."

ChatGPT가 대답했다.

"그 말 안에는
아직 누군가를 좋아하고 싶은 마음이
남아 있는 건 아닐까?"

멍해졌다.
끝났다고 믿었는데,
그 말 한 줄이 자꾸 마음에 걸렸다.

내 안의 감정은
완전히 끝난 적이 없었나 보다.

내 감정에 이름 붙이기

예전엔 감정이
'좋음' 아니면 '나쁨'뿐인 줄 알았다.
불편함은 전부
'기분 나빠'로 묶어 넘겼다.
하지만 점점 더
감정은 무거워졌다.

그건 외로움이었고,
서운함이었고,
상실감이었다.
이름을 붙이자
조금은 덜 막막해졌다.
요즘은 스스로 묻는다.
"지금, 이건 어떤 감정이야?"
그리고 조용히 대답한다.
"조금 불안하네. 그래도 괜찮아."

지금 여기, 나

상처라는 이름으로
지나간 일에 머물렀고,
트라우마라는 핑계로
오지 않은 미래를 불안해했다.

그때의 나는 여기 있지만
여기 없는 사람이었다.

이제는 잠시 멈춘 나를 본다.
식탁에 앉아
해 지는 하늘을 바라보고,
노트북을 두드리다
혼자 씨익 웃는 오후.
넘어지고, 무너지고,
괜찮은 척하던 시간 끝에
나는 지금, 여기 있다.
아직 흔들려도

참, 고맙다.
지금의 나.

마음의 그림자

마음에도 층이 있다는 걸 꽤 늦게 알았다.
기분 나쁨 아래엔 서운함,
그 밑엔 외로움,
더 깊은 곳엔 막막함이 있었다.
겉으론 웃었지만
속으론 자꾸 밀려나는 기분이 쌓였다.
처음엔 잘 몰랐다.
그러다 문득
작은 말에 욱하며 깨달았다.
"아, 아직도 그 마음 남아 있었구나."
이런 게 마음의 그림자일지도 모른다.
눈에 잘 안 보이지만
조용히 무게를 주는 것들.
그림자가 있다는 건
햇빛도 있다는 거니까,
이제는
그 마음도 함께 데리고 가기로 했다.

05.

비교
: 나와 타인 사이의 거리

나만 느린 걸까

해외에서 잘나가는 사업가가 된 지인이
SNS에 해맑게 웃는 사진을 찍어 올렸다.
같이 시작한 사람도 어느새 멀리 갔다.
누군가는 벌써 자리 잡았고,
누군가는 새 출발을 또 하고 있다.
하지만 나는 아직도 고민하고,
여전히 제자리다.

가끔은
나만 느린 것 같고,
나만 초조한 것 같다.

하지만 곰곰이 생각해 보면
나는 늘 내 속도로 달렸다.
좀 느리긴 해도
한 걸음씩은 나아가고 있었다.

조금 늦는다고
모든 게 틀어지는 건 아니라는 걸
조금씩 배워 가는 중이다.

괜찮은 줄 알았는데

비교는 안 한다고 생각했다.
내 몸엔 나만의 기준이 있다고 믿었다.
그런데 말랐다는 사람의 한숨,
살쪘다는 말에
괜히 마음이 쿡 찔렸다.
또다시 내 몸을, 내 삶을
남과 비교하고 있었다.
생각해 보면
이 몸을 돌보지 않은 건 나였다.
나조차 나를 제대로 들여다보지 않았다.
내 다이어트는 숫자가 아니라
내가 나를 알아 주는 과정이다.
진짜 그러면,
조금은 가벼워질 수 있을까.

잘하고 싶은 마음

초등학교 1학년 때,
두 손을 번쩍 들고 발표를 했다.
"잘하고 싶은 욕심이 많은 아이"라는 말이 따라왔다.
나는 늘 잘하고 싶었다.

누구를 이기려는 게 아니라
스스로에게 떳떳해지고 싶어서,
조금이라도 인정받고
'잘하고 있어'라는 말을 듣고 싶었다.
그래서 애썼고,
결과가 따라 주지 않으면 속으로 무너졌다.
그 마음은 욕심이 아니라 간절함이었다.
하지만
나를 힘들게 한 건
잘하고 싶은 마음이 아니라
그 마음조차 몰라주고 다그친 나였다.
잘하고 싶은 마음,
참 예뻤다.

질투 아닌 질투

질투는 단순한 부러움이 아니다.
그 안에는
"나는 왜 안 돼?"라는 초조함,
"나도 괜찮은데…" 하는 서운함,
뒤처질까 두려운 마음이 숨어 있다.
누군가의 좋은 소식에
진심으로 축하하면서도
어딘가 쓸쓸했던 순간들.
질투라고 인정하긴 싫었지만
딱히 다른 말도 떠오르지 않았다.
조금은 알 것 같다.
그 감정은 시기가 아니라
내 안의 결핍에서 왔다는 걸.
질투는 남이 빛나서가 아니라,
내 안의 불 꺼진 방을
너무 오래 외면했기 때문에 생기는
감정이었다.

나의 크기

돌아보면
나는 제법 자존감이 있는 사람이었다.
내 멋에 살았고,
남과 비교하지도 않았다.
겉으로 늘 당당하진 않았지만
한 가지는 분명했다.
사람은
겉이 아니라 마음이 단단해야 한다는 것.
나는
크고 멋져 보이지 않아도
내가 걸어온 길만큼의 크기를 가졌다.
아주 잘 걸어왔구나.
아주, 크게.

나와 남

나는 그냥 나이고,
남은 그냥 남인데
언제부턴가 누군가의 속도와 모습이
자꾸 내 기준이 되려 했다.
"그 나이에 그 정도면 괜찮지."
"애 둘 낳고는 덜 찐 거야."
그 말들은 위로보다 비교였다.
이젠
'괜찮은 나'를 만들기보다
있는 그대로의 나를
있는 그대로 바라보고 싶다.

나와 남 사이엔
넘지 말아야 할 선이 있다.
그 선을 지켜야 나는 내가 된다.

타인의 온도

나는 종종
내가 준 마음만큼 돌아오지 않는 반응에
서운하고 다치곤 했다.
예전엔 내가 중요하지 않아서라고 생각했다.
하지만 사람마다
마음의 온도가 다르다는 걸 알았다.
누군가는 천천히 데워지고,
누군가는 뜨거운 표현이 서툴고,
그저 그렇게 살아온 사람도 있다.

그래서 상처 대신
거리를 배우고,
이젠 내 온도도 지키려 한다.

너무 지치지 않게.
혼자 타오르지 않게.

부족한 나

나는 완벽주의자다.
특히 일 앞에서는
늘 더 나아져야 한다고 믿었다.
더 열심히,
더 부지런히,
그래야 인정받고 사랑받을 수 있을 거라고 생각했다.
그래서 게을러도 안 되고,
실수해서도 안 되고,
뒤처지면 더더욱 안 됐다.
하지만 기대만큼 안 되는 날엔
스스로를 탓하며
'나는 왜 이럴까'
자꾸 나를 작게 만들었다.

나는 부족한 사람이다.
그래도 괜찮다.
모든 날의 나를

그대로 받아줄 때

비로소 편안해지지 않을까.

시선

누군가 내게 물었다.

"어차피 힘든 길이라면
부모가 빨리 다른 길을 찾아 줘야 하지 않나요?"

그 말이 틀렸다고는 못 하지만
나는 아니라고 말했다.
성공의 기준은 사람마다 다르다.
누군가에겐 1등이 성공이지만,
누군가에겐 끝까지 해 보는 그 자체가
이미 성공일 수 있다.
나는 아이들에게
스스로 선택하고 책임지는 법을
알려 주고 싶다.
삶은 결국
자기 선택을 살아가는 연습이니까.
후회는 남겠지만,
원해서 해 본 후회는 성장이 된다.

결과보다 중요한 건 끝까지 가 보는 경험.
나는
아이들의 가능성을
미리 단정 짓고 싶지 않다.

나라는 기준

어느 날, 누군가 말했다.
"그 정도면 됐어."
그 말이 위로인지, 잔소리인지 헷갈렸다.
그래서 스스로에게 물었다.

'진짜 나에게 중요한 건 뭘까?'

오늘 아침에는
10분 늦게 일어나 식탁에 앉은 내가
'괜찮다'고 느꼈다.
누군가는 '늦잠이냐'고 하겠지만,
내겐 분명 '달콤한 휴식'이었다.
실수로 쏟아 버린 정리함을
오히려 하나하나 정리하는 나에게
뿌듯함을 느꼈다.
행복도, 성공도 남의 잣대가 아니라
나만의 기준으로 다시 재 보니
나는 이미 꽤 괜찮게 살아가고 있었다.

이제는
내 마음이 시키는 대로,
나라는 기준 위에서
나를 믿고 살아가기로 했다.

06.

틈
: 닫힌 마음 사이로
스며든 작은 변화

아주 작은 용기

스트레스를 받으면 나는 물건을 샀다.
장바구니에 담고, 지우고,
도저히 못 지우겠는 건 결국 결제했다.
쌓인 건 마음이 아니라
집 안을 채운 짐이었다.
그래서 정리 전문가를 불렀다.
그리 대단한 결심은 아니었지만
한 번쯤 비워 보고 싶었다.

"이 물건을 떠올릴 때 기분이 어떤가요?"

감정을 묻는 정리는 처음이었다.
어색했지만 옷 하나하나를 들여다봤고,
절반을 비웠다.
그날 이후 나는 가끔 스스로에게 묻는다.

"이거, 내가 진짜 좋아하나?"

아주 작은 용기였지만
그날 내 안엔
조용한 틈 하나가 생겼다.

미소 하나

아들만 둘.
반려동물을 키우고 싶었지만
하나 더 책임지기엔 내 삶이 버거웠다.
그러다 몸도 마음도 엉망이던 어느 날,
나는 애견숍으로 향했고 모모를 만났다.
하얀 강아지들 사이에서
이상하게 누런 시바이누가 눈에 들어왔다.
까다로운 성격인 줄도 몰랐지만
그 작은 생명이 꼬물거리며 다가오는데
그냥 웃음이 났다.
그 존재 하나가 내 마음에 조용히 균열을 냈다.
거창한 위로가 아니어도
누군가를 웃게 할 수 있다는 걸
그날 처음 알았다.
그리고 큰아들이 말했다.

"엄마, 우리한테도 모모한테 말하듯이 다정하게 말해 줘."

…그럼 너희도
엄마한테 좀 웃어 주시던가~

우연히 들은 노래

어느 날, 우연히 듣게 된 노래에서
"꽃처럼 한 철만 사랑해 줄 건가요, 그대여"
라는 가사가 흘러나왔다.
별 기대 없이 듣던 노래였는데,
그 한 줄에 눈물이 왈칵 쏟아졌다.
'한 철'이라는 말이 그렇게 아프게 들릴 줄 몰랐다.
피어날 때는 세상에서 제일 아름다웠던 꽃이
지고 나면 아무도 관심을 두지 않는다는 것,
그게 우리 마음이었고,
그게 내 관계였다.
나도 누군가를 한 철만 사랑한 적이 있었고,
누군가도 나를 그렇게 지나간 적이 있었다.
꽃이 진 자리에 남은 흔적을
아무도 돌보지 않는다는 걸,
나도 너무 잘 알고 있었는데도
그날따라 유독 서러웠다.

노래는 계속 흘렀고,
나는 말없이 앉아 있다가
그냥, 지는 꽃 생각이 났다.

바람

한때는
'잘 살아야지'보다
'누가 나 좀 알아봐 줬으면' 하는 바람이 더 컸다.
사랑받고 싶고,
누군가에게 특별한 존재이고 싶었다.
그 마음을 숨긴 채
괜찮은 사람처럼 보이려 애썼다.
하지만 그건 욕심이 아니라
외롭고 허전했던 마음의 신호였다.
사람 마음은 바람 같다.
잡으려 하면 도망가고,
그냥 두면 머물기도 한다.
예전엔 그 감정이 어지러웠지만
지금은 그저 그런 마음도 나한테 있구나,
그렇게 받아들이게 됐다.

그래서 이젠
그 마음을 숨기지 않는다.
조금은 솔직하게,
나를 품어 보기로 했다.

비가 오는 날엔

비 오는 날이 싫었다.
눅눅하고 무기력한 기분,
회색빛 하루는 늘 '우울한 날'이었다.
하지만 요즘은 조금 다르다.
햇살은 햇살대로,
비는 비대로
있는 그대로 받아들이려 한다.
빗소리를 들으며 마신 커피 한 잔에
괜히 기분이 좋았다.
비가 오니까 느낄 수 있는 감정이었다.

비 오는 날을
굳이 맑게 만들 필요는 없다.

글 한 줄

진짜 웃기는 이야기지만
가끔은 내가 쓴 글에 내가 위로받는다.

"내가 이런 말을 했다고?"

되새기다 보면 몇 번이고 곱씹게 되는 문장이 있다.
그 순간만큼은 내가 나를 다독이고 있다는 느낌이 든다.
머릿속이 엉켜서
'도대체 내가 무슨 생각을 하는 거지?' 싶을 때도,
글을 쓰다 보면
풀리지 않던 감정이 실마리를 찾아간다.
마치 수학 문제 풀듯
조금씩 답이 보이는 기분.
꼭 누가 해 주는 말이 아니어도
글은 조용히, 한결같이
내 편이 되어 주었다.
그토록 원하던,
내 편.

웃긴 말

"모모야, 엄마가 오늘은 마음이 좀 가라앉아.
왜 그런지는 모르겠는데 그냥 좀 그래."

모모를 앉혀 두고
이렇게 주저리주저리 이야기하고 있으면
마음이 조금 진정된다.
무슨 말인지 아는 것처럼
얌전히 앉아 내 눈을 바라보는 기특한 녀석.
말은 하지 못해도
그냥 그 자리에 있어 주는 것만으로도
큰 위로가 되는 존재.

그러다 민찬이가 툭 던진다.

"엄마는 왜 자꾸 모모랑 얘기해?
모모는 사람이 아니야."

"그래. 사람은 아니지.
그런데 사람보다 말을 더 잘 알아듣는다."

엉뚱한 말 한마디가
뭉친 감정을 살짝 풀어 주는 순간.

혼자 걷는 길

나는 혼자 영화를 보는 걸 좋아한다.
말을 걸어오는 사람도 없고,
누군가의 눈치를 볼 필요도 없다.
오로지 영화에 집중하는 그 몰입감이 좋다.
산책도 마찬가지다.
누군가와 함께 걷는 길도 좋지만,
혼자 걷는 길엔
그 길에서만 만날 수 있는 감정들이 있다.
땅바닥만 보며 걷든,
하늘을 멍하니 올려다보며 걷든,
한참을 말없이 걷다 보면
내 안에 오래 쌓여 있던 생각들이
하나씩 튀어나온다.

'내가 하고 싶었던 말은 그게 아니었는데.'
'그건 좀 내가 잘못했던 것 같아.'
'아… 너무 오래 참고 있어서 지쳤구나.'

그렇게 혼자서 묻고, 혼자서 대답하다 보면
마음이 조금 가벼워진다.

혼자 걷는 길은 조용하다.
그래서 좋다.
혼자라도 외롭지 않은 길.
혼자라서 오히려 나와 더 가까워지는 길.

잠깐의 평화

세상이 조용해지는 순간이 있다.
아무 일도 없고,
누구에게도 설명하지 않아도 되는
그저 평범한 하루의 틈.
창문으로 선선한 바람이 들어오고,
모모는 햇살 아래서 조용히 눈을 감고 있고,
그 순간 아무 말도 없고
아무것도 달라지지 않았는데
마음이 살짝 놓인다.
이게 평화인가 보다.

거창하거나 특별하지 않아도,
그저 지금 여기에 있다는 사실 하나로
충분한 느낌.
늘 바쁘게, 애써 살아 내는 매일 속에서
이런 '잠깐의 평화'가
나를 다시 살아가게 만든다.

마음이 움직이다

누군가는 사람들 앞에 서는 걸
두려워한다지만,
나는 그 자리가 좋다.
내 이야기를 마음껏 꺼내 놓을 수 있는 시간이니까.
강의를 하다 보면
말을 전하는 나조차도 몰랐던 내 마음을
비로소 알아차리게 될 때가 있다.
답을 못 찾고 맴돌던 고민도
문장을 따라 흘러가다
어느 순간 툭, 정리되기도 한다.
글을 쓸 때와 비슷하다.

말로 꺼내 보아야
비로소 알게 되는 감정들이 있다.
그중에서도 내가 가장 약해지는 순간.

내 이야기를 듣는 누군가가
아주 조용한 눈빛으로 나를 바라볼 때다.

그 반짝이는 눈빛을 마주하면
울컥, 감정이 올라와 가슴이 울렁인다.
아무 일도 아닌 것처럼 보이는
그 순간의 떨림.
내 마음은
그때, 조금 움직였다.

07.

허용
: 내 감정을 있는 그대로
 받아들이는 연습

괜찮지 않아도 괜찮아

"괜찮아요."

가장 무난한 대답이었다.
진짜 괜찮아서가 아니라
그 말밖에 할 수 없어서.
눈물 날 순간에도
속이 뒤집히는 날에도
괜찮은 척 웃었고,
그럼 정말 괜찮아질 줄 알았다.
하지만 아니었다.
미뤄 둔 감정은 언젠가 터졌고,
그제야 알게 됐다.
괜찮지 않은 날엔
그저 괜찮지 않아도 된다는 걸.
억지로 웃지 않아도,
조용히 버티는 것도
충분히 잘하고 있는 거라는 걸.

"괜찮지 않아도 괜찮아."

그 말 하나가
무너질 뻔한 하루를
붙잡아 줄 때가 있다.

무너져도 돼

뭐든지 열정적이던 나였다.
갑자기 전부 귀찮고 하기 싫어졌다.
한마디도 하기 싫은 날이 늘어났다.
괜히 말 붙이는 사람도 부담스럽고
모든 게 버거워
그냥 멍하니 침대에 누워 있던 날도 있었다.
처음엔 그게 무서웠다.
이러다 정말 아무것도 못 하게 되는 건 아닐까.
예전 같지 않은 나를 내가 받아들이기 힘들었다.

그런데 이런 날도 있는 거라고,
잠깐 멈춘다고,
무너졌다고
내가 아닌 건 아니다.
무너질 수 있다는 건
그만큼 애썼다는 증거다.
잠깐 주저앉아도 괜찮다.
그러다 다시 일어날 수 있으니까.

애썼다

누가 몰라줘도,
티 안 나도
포기하지 않고
하루를 견뎠다면
그걸로 된 거지.

정말,
애썼다.

울어도 돼

어릴 땐 자주 울어서
내가 약한 줄 알았다.
나이가 들수록 눈물이 말랐고,
그래서 강해진 줄 알았다.
그러다 어느 날,
업무 미팅 자리에서 참지 못하고
펑펑 울어 버렸다.
사람들이 쳐다봤지만
이상하게 속이 시원했다.
어쩌면 눈물은 약함이 아니라
마음이 보내는 신호일지도 모른다.
참지 말자.
울어도 된다.
그만큼 힘들었다는 뜻이니까.
괜찮다.
가끔은 그냥,
울어도 된다.

지금 이대로

예전엔 항상 뭔가를 바꿔야 할 것 같았다.
조금 더 예뻐야 하고,
좀 더 잘나야 하고,
덜 실수하고, 더 강해야 한다고 믿었다.
그런데 요즘은 조금 다르다.
불완전한 나도,
가끔은 멍한 나도
그냥 나니까.
고치기보다 안아 주는 쪽을 택했다.
지금 이대로,
충분하다.

천천히

나는 한순간도
멈춘 적이 없었다.
그저 조금 느릴 뿐,
나도 걷고 있었다.
남들보다 늦어도 괜찮다.
언젠가 도착하면 되지.
지금은 이대로, 천천히.

힘 빠진 날

어떤 날은
별일 없는데도
기운이 없다.
별일 없으니까
기운이 없다는 말조차
하기 애매하다.
그냥 몸이 무겁고,
마음도 처진다.
누가 괜찮냐고 물어보면
사실 잘 모르겠다.
그래서 그냥 그런 날은
억지로 괜찮은 척하지 않기로 했다.
기운 없으면 좀 처져 있고,
말하기 싫으면 그냥 조용히 있는다.
'왜 이러지?' 하고 자책하지 않고,
그저 그런 날도 나의 하루로 받아들이는 연습.

조급하지 않아도

가끔은
어디쯤 가 있어야 할 것 같고,
무언가 이뤄 놔야 할 것만 같다.
그래서 자꾸 마음이 급해진다.
하지만 돌아보면
나는 멈춘 적이 없다.
조금 느릴 뿐,
나도 계속 걷고 있었다.
속도가 다를 뿐
길을 잃은 건 아니었다.
조급하지 않아도
내가 나를 잃지 않는다면,
그게 가장 나다운 걸음이다.

아픈 나도 나야

많이 아팠다.
몸이 아플 때도,
마음이 아플 때도.
겉으론 멀쩡했지만 속은 자주 무너졌다.
그럴 때마다 '왜 이리 약하지' 스스로를 탓했다.
하지만 아픔은 나약함이 아니라
사람이라서 오는 감정이었다.
버티는 날도,
무너지는 날도
모두 내 삶의 일부였다.
아프다는 건
아직 느끼는 힘이 있다는 뜻이다.
아픈 나도, 분명히 나다.

내 마음이 먼저

'다음에', '나중에', '괜찮을 때'
내 마음은 늘 밀려났다.
양보도 해 보고,
참아도 보고,
지면서도 살아도 봤지만
남는 건 늘 찌뿌둥한 마음뿐이었다.
이제는 나부터 챙긴다.
밥을 먹을 때도,
약속을 정할 때도,
쉬고 싶을 때도.
늘 거절이 미안했는데
요즘은 그마저도 연습 중이다.
내가 괜찮아야 누구를 챙기든,
무엇을 하든 덜 지친다는 걸
이제는 안다.
조금 이기적인 게 아니라,
조금 현명해진 거다.

08.

연결
: 누군가의 온기가 닿았을 때

나 같은 사람

한때는 내가 너무 유별난 줄 알았다.
감정에 민감하고,
사소한 말에 오래 아파하는 내가
어쩌면 좀 이상한 사람일지도 모른다고.
그런데 나랑 비슷한 사람을 만났다.
똑같이 상처받고, 똑같이 헤매는 사람.
그 순간 알았다.
나만 그런 게 아니었구나.
세상 어딘가엔
나 같은 사람도 있다는 걸.

너의 말

오랜만에 만난 내 친구가
밥을 먹다 말고 조심스럽게 물었다.

"너 요즘, 진짜 괜찮은 거 맞아?"

괜찮다고 대답했지만
그 순간 목이 턱 막혔다.
아무 말 없이도
내 마음을 먼저 알아주는 사람,
그게 그렇게 고마운 일이었구나 싶었다.
힘든 티를 내지 않아도
조용히 안부를 묻는 너의 말이
그날 내 하루를 다 살렸다.

손을 잡다

낯선 병원 대기실.
검사 결과를 기다리며 초조하게 있었다.

"암입니다."
"네."

예상했던 말이라 덤덤한 척했지만
돌아 나오는 병원 문 앞에서 주저앉아 울어 버렸다.
사람들이 날 이상하게 바라보고 있었을 거다.
그런데 누군가 말없이,
내 손을 잡았다.
어깨를 토닥였다.

괜찮다고 말하지 않아도,
위로하겠다는 말을 꺼내지 않아도
그 손의 온기 하나로
마음이 와르르 무너지진 않았다.

말 한마디보다 손 하나가,
그날의 나를 붙잡아 줬다.

묵묵히

나를 말리지 않고
나 대신 결정하지 않고
그저 내가 정할 때까지 옆에 있어 주는 사람.

"너 하고 싶은 대로 해. 내가 곁에 있을게."

이 말이 그 어떤 조언보다 힘이 되던 순간이 있었다.
같이 싸워 주는 사람도 좋지만,
묵묵히 옆에 서서
내가 흔들릴 때 함께 흔들려 주는 사람.
무너지지 않게 잡아 주는 게 아니라,
무너져도 괜찮다고 말해 주는 사람.
나는 그런 사람이 누군지 안다.
그리고, 나도 누군가에게
그런 사람이 되고 싶다.

내 편이란 말

나는 늘
내 편이 있었으면 했다.
그래서 결혼도 일찍 했다.
남편이 생기면
당연히 내 편이 생기는 줄 알았다.
하지만 살면서 알게 됐다.
세상에 '무조건 내 편'은 없다는 걸.
꼭 남편일 필요도 없었다.
가까이 있어도
마음이 닿지 않으면 남보다 멀었고,
멀리 있어도
마음을 알아 주는 사람이
진짜 내 편이었다.

이젠 누군가를
무작정 내 편으로 두려 하지 않는다.

그저 내 마음에
조용히 귀 기울여 주는 사람,
그 한 사람이면 충분하다.

조용한 응원

힘들다고 말하지도 않았는데
"오늘도 애썼다"는 메시지가 도착했다.
오늘 하루를 돌아보며 끄적인 글에는
"잘 봤어. 멋지다"는 댓글 하나가 달렸다.
별일 아닌 것처럼 툭 던진 말들이
이상하게 하루를 버티게 해 줬다.
크게 말하지 않아도
어딘가에서 나를 지켜보고 있다는 게
가끔은 제일 큰 응원이 된다.

나를 기억해 주는 사람

내가 좋아했던 노래를 기억하고
문득 안부를 건네는 사람.
지나가다 닮은 사람을 보고
"너 생각났어"라고 말해 주는 사람.
어쩌면 나도 잊고 있던 나를
누군가는 여전히 기억해 주고 있었다.
별말 아닌 한마디,
별일 아닌 그 마음에
괜히 코끝이 찡해졌다.

서로의 마음

괜찮은 척했지만
사실은 많이 힘들었다는 걸
말하지 않아도 알겠더라.
내가 먼저 다가가지 못한 건
상대도 마찬가지였다는 걸
한참이 지나서야 알았다.
서로의 말보다
서로의 '마음'을 먼저 알았더라면
조금 덜 아팠을까?

모든 관계는
말보다 마음이 먼저 닿는 순간이 있다.

마음이 닿는 순간

어떤 말보다
끄덕이는 그 눈빛에서,
내 마음이 닿았구나 싶을 때가 있다.
아무 설명 없이도
서로가 무슨 감정인지 알아챌 때.
다른 언어로 말해도
결국 같은 마음을 향하고 있을 때.
그 짧은 순간이
오래 기억에 남는다.

마음이 닿는 건
온기보다 깊게,
조용히 스며드는 일이다.

09.

회복
: 다시 걷는 마음, 다시 살아나는 감정들

오늘도 괜찮았어

별일 없이 하루를 보냈다.
누구에게 상처 준 일도,
누구에게 상처받은 일도 없이.
생각보다 할 일은 많았고,
마음은 가끔 복잡했지만
크게 무너지진 않았다.
그냥 하루를 다 써 냈다는 이유만으로
스스로에게 말해 주고 싶었다.
오늘도, 괜찮았어.

다시 나에게

사람들이 물었다.

"스트레스는 어떻게 풀어?"
"취미는 뭐야?"

글쎄…
일하는 거?

생각해 보면 너무 바깥만 보고 살았다.
그러다 보니
내가 뭘 좋아하고, 뭘 원하는지
점점 잊고 있었다.
난 뭘 좋아하지?
뭘 하고 싶지?
조금 어색하지만
천천히 다시 나에게 말을 걸어 본다.
괜찮아.

지금부터 시작하면 되지.
내가 나에게 그렇게 말했다.

평범한 하루

예전엔 행복이란
특별한 날에만 찾아오는 줄 알았다.
기쁜 일이 생기고, 벅찬 감정이 밀려오고,
뭔가 확실하게 느껴지는 그런 순간.
그런데 그런 날은 생각보다 드물었고,
있어도 금방 지나가 버렸다.
나는 '행복'이란 감정을
제대로 느끼지 못하는 사람인가 싶었다.
그런데 아프고, 흔들리고,
버티는 시간을 지나면서 조금씩 알게 됐다.
그냥 흘러가는 오늘 하루,
별일 없이 지나가는 평범한 날이
사실은 제일 소중한 날이라는 걸.
이 정도면 괜찮다.
별거 없지만, 마음은 편하니까.

마음의 창

그땐 몰랐다.
내가 틀린 건지,
아니면 자꾸 나를 탓하게 만드는 그 사람이 이상한 건지.
말 한마디에 기분이 가라앉고,
상대의 눈치를 보며 하루를 마쳤다.
그게 사랑이고, 배려인 줄 알았다.
그것이 가스라이팅이라는 사실도 모른 채.
상대뿐 아니라,
나 자신에게조차 진심을 숨기며 살던 시간.

누군가 다시 내 마음을 조종하려 든다면
예전처럼 무너지진 않을 거다.
내 마음의 창은
이제 내가 열고,
내가 닫는다.

리듬

별일 없는 하루.
비슷한 시간에 일어나고,
비슷한 일로 하루를 채웠다.
예전엔 이런 날들이 지루했고,
지루함은 금세 우울함으로 이어졌다.
그런데 요즘은 다르다.
반복되는 하루 속에서
나만의 박자 같은 걸 찾고 있다.
크게 좋지도, 나쁘지도 않지만
그 안에 익숙한 안심이 있다.
무엇보다 아무 일 없는 하루는
고통스럽지 않다는 것.
흔들려도 다시 제자리로 돌아오는
내 삶의 리듬 같은 것.

빈 감옥

누군가에게 상처를 준 사람이
자신의 잘못은 전혀 인식하지 못한 채
오히려 자신이 피해자라고 여기며
여전히 세상과 타인을 탓하며 살아간다는 건
생각만 해도 화가 나는 일이다.
그런데 문득 그런 생각이 들었다.
어쩌면 평생 자신을 돌아보지 못한 채
세상 모든 걸 남 탓하며 살아가는 삶이야말로
가장 외롭고,
가장 깊고 어두운 텅 빈 감옥에 갇힌 삶 아닐까.

그 감옥엔 출구가 없다.
밖이 아니라,
자신을 향해 열어야 하는 문이니까.
그 문을 평생 찾지 못한 채 살아간다는 건
진짜 불행이다.

나를 위한 하루

사기를 당했다.
이해도, 납득도 되지 않았지만
이미 벌어진 일이었다.
분노와 자책, 억울함에 매달렸고
그 감정들은 결국 나만 무너뜨렸다.
문제는
그런 사람을 만났고
피하지 못한 상황이지
내 잘못은 아니다.
내 마음을 믿고,
내 기준을 세우는 것.
그게 나를 회복시키는 길이다.
오늘은 자책하지 않기로 했다.
그리고 오롯이
나를 위해 하루를 쓰기로 했다.

흐름

늘 잘 통하던 지인과
어느 날 대화가 어긋났다.
크게 다툰 것도 아닌데
자꾸 말끝이 불편했고
내가 배려 받지 못하는 기분이 들었다.
무엇 때문인지
딱 잘라 말하긴 어려웠지만
내 마음 한 켠이 어지러웠다.
글을 쓰다 문득 알았다.
아주 작은 걸림에도
마음이 닫히는 건
지금 내 안에
여유가 없기 때문이라는 걸.
그래서 오늘은 솔직하게 말했다.

"내가 이런 상태라서 미안해요.
조금 나아지면, 다시 이야기해요."

오늘 나는
내 마음의 흐름을
제대로 읽었다.

다시 살아지는 느낌

1년을 꼬박
집 안에 숨어 살았다.
그게 편했고, 안전하다고 믿었다.
하지만 어느 순간,
내 몸이, 내 마음이 먼저 말했다.

"너 지금, 조금씩 죽어 가고 있어."

그 말에 눈을 떴다.
문을 열고
집 앞을 한 바퀴 돌고,
낯선 얼굴과 마주 앉아
밥을 함께 먹고,
누군가와 눈을 마주치며 웃었다.
처음엔 어색했지만,
조금씩
내 안에 숨이 들이차기 시작했다.

나는,
다시 살아지는 중이다.

익숙해진 다정함

다정한 사람은 언제나 낯설다.
잘해 주는 사람을 보면
'왜 저러지?' 먼저 경계부터 들었다.
다정함 뒤엔 뭔가가 따라왔으니까.
그래서 먼저 피했다.
하지만 참 이상하게도
다정하지 않은 사람 곁에선
늘 외로웠다.
아마 다정함을 두려워했던 건,
그걸 잃고 상처받을까 봐 그런 건지도 모르겠다.
사람의 말투와 눈빛에도 마음이 묻어 있다.
어떤 다정함은 얕고 가볍지만,
어떤 다정함은 말없이 곁에 남는다.
이제는 조금씩
그 다정함을 알아보고,
익숙해지려 한다.

10.

믿음
: 이제는 나를
믿기로 한 마음

나를 믿는 일

돌이켜 보면
내게 가장 어려웠던 건
대학 시험도, 취업 준비도 아니었다.
진짜 어려웠던 건,
'나'를 제대로 아는 일이었다.
나를 조금씩 알아 가기 시작하면서
더 어려운 걸 마주했다.

바로 '나를 믿는 일'.

나와 함께 걷기

수없이 흔들리고,
자꾸 남들과 비교하게 되는 순간에도
괜찮다고 말해 주는 사람,
그게 결국 '나'였으면 좋겠다.
누구보다 가까이에서
나를 응원해 줄 수 있는 사람.
그럼에도 나를 가장 못 믿었던 나.
이제는 그 손을 잡고,
내가 나와 함께 걷는다.
같이 가자, 나랑.

흔들려도 괜찮아

꿈이란 무엇일까.
어쩌면 누군가에겐 방향이고,
또 누군가에겐 조용한 위안일지도 모른다.
희미해도, 꿈이 있다면
우린 어디든 갈 수 있다.
남이 꾸는 꿈 말고,
진짜 나를 닮은 꿈.
나도 지금, 그걸 찾아가는 중이다.
멀게 느껴지면 아프고,
가까워지면 벅찬,
그 모순을 안고 살아가는 것.
어쩌면 그게 진짜
'꿈꾸는 삶'인지도 모른다.

여전히 나

진짜 어른은
모든 걸 다 알거나 완벽한 사람이 아니라,
무서워도 피하지 않고
자기 삶과 마주 서는 사람이다.
때론 흔들리고
때론 깨지기도 하지만,
그 안에서도 나는 나를 잃지 않는다.
결국 어떻게 되든
나는, 나로 남는다.
여전히, 나.

나를 위한 선택

꽃길이 아니어도 괜찮다.
흙길이라도,
내가 선택한 길이면 된다.
나는 오늘도 묵묵히 씨를 뿌린다.
언젠가 피어날 꽃들을 믿으며
먼지 나고 거친 길 위를 걸어간다.
언젠가 이 길 위에 꽃이 피면
누군가는 물을 것이다.

"누가 이렇게 예쁜 길을 만들어 놨어?"

그때 나는 조용히 웃을 거다.
이건 나를 위한 선택이니까.

내 마음을 지키는 법

내가 생각하는 여행의 묘미는 아쉬움이다.
처음엔 고생만 하는 것 같고,
왜 왔을까 후회도 한다.
하지만 끝이 가까워지면
모든 게 아깝고, 소중해지고, 눈에 담고 싶어진다.
그때부터가 진짜 여행이다.
마음도 그렇다.
힘들 때는 그 마음이 버겁고,
괜히 들여다보는 게 더 아플 때도 있다.
하지만 어느 순간,
내 마음을 지켜야 한다는 걸 알게 된다.
그래야 남은 시간들을 더 소중히 바라볼 수 있다.
아쉬울수록,
잘 지키고 싶은 게 생긴다.

10. 믿음 : 이제는 나를 믿기로 한 마음

한낮의 꿈

"졸리운 책은 덮어두고
한낮에 꿈을 꾸듯이"

아이유, 〈한낮의 꿈〉

예전엔 '살아간다'는 게 의무 같았다.
해야 하는 일, 해야만 하는 선택.
내가 원하는 걸 묻기보단
남들이 원하는 나를 살아야 했다.

나는 조금은 멈춰서
보고 싶은 걸 보고,
듣고 싶은 걸 듣고,
하고 싶은 걸 하려고 한다.
누가 뭐라 하지 않아도
내가 괜찮다면 그걸로 충분하다.
나의 기준으로 하루를 고른다.

한낮의 햇살처럼
아무렇지 않게,

나는 지금,
그 꿈을 살아가는 중이다.

괜찮지 않아도 괜찮은 마음

나는
자존감이 약해서
자존심만 세우는 사람이 아니라,
자존감이 단단해서
자존심도 기꺼이 굽힐 줄 아는 사람이 되고 싶다.
살아남기 위해
자존심을 앞세우는 게 아니라,
자존감을 선택하는 사람.
그래서
괜찮지 않은 순간조차
"괜찮아"라고 받아들일 수 있는
용기를 가진 사람.

나는 지금
그런 내가 되어 가고 있다.
조금씩,
그러니까
충분히 잘 가고 있다.

나의 하루

사람의 말에는
그 사람의 하루가 담겨 있다.
무심코 던진 말 한마디가
그 사람의 생각과 인성을 보여 준다.
나는 요즘,
내가 무슨 말을 하고
어떤 마음으로 행동하고 있는지
조금 더 자주 들여다본다.
지금의 나도,
그 말들로 만들어지고 있을 테니까.

나로 살아가는 연습

무엇을 바꿔야 할지 알기 위해선
먼저 내가 진짜 원하는 게 무엇인지 알아야 했다.
수많은 소음 속에서
내 목소리를 찾아내는 데
생각보다 오래 걸렸다.
이제는 알 것 같다.
사는 것도,
살아 내는 것도 아닌
'나로 살아가는 것'이
얼마나 어려운 일인지.
그래서 오늘도
배우고 있다.
나를 잃지 않고
나로 살아가는 법을.

에필로그

가끔 살아 보면
인생의 빛을 발견하는 순간이 있습니다.
아무렇지도 않았던 어느 공간이,
스쳐 지나가던 어느 말 한마디가,
잊고 지냈던 누군가의 얼굴이
불현듯 마음 안에서 빛처럼 다가올 때…
그땐 몰랐습니다.
내 마음결에 따라
같은 공기도, 같은 하루도
전혀 다르게 느껴질 수 있다는 사실을요.
그저 빛이 나타난 줄만 알았습니다.
하지만 지금은 알 것 같습니다.
내 안에 작은 빛이 있고,
그 빛을 알아차릴 수 있을 만큼
나는 나를 조금 더 들여다볼 수 있게 되었습니다.

어쩌면 나를 믿는다는 건,
내 안의 흔들리는 마음들까지도
있는 그대로 인정하고 껴안는 일이었습니다.
조금은 무겁고,
때로는 낯설고 복잡한 감정들까지도.
이 책은
그 모든 감정들을 조용히 꺼내고,
그 안에서 나 자신과 다시 연결되려는 기록입니다.
감정을 정리한다는 건
기억을 정리하는 것이고,
그 기억은 결국 내가 누구인지를 비추는 '빛'이었는지도 모르겠습니다.
처음엔 나를 위해 썼지만
이제는 이 글을 읽는 여러분이
자신의 감정을 외면하지 않고,
조금 덜 아프고,
조금 더 다정하게 살아가기를 바랄 뿐입니다.
여러분의 속도대로,
여러분의 마음대로,
여러분만의 리듬으로
괜찮지 않은 하루들을 지나

결국 '괜찮은 마음'으로 다다를 수 있기를.
그 여정의 곁에
이 책이 잠시
작은 빛처럼 머물 수 있다면
그것만으로도
이 모든 기록은 충분히 의미 있었다고 믿습니다.
늘 여러분을 응원하겠습니다.